COLLECTION

DE

JOLIES PETITES FLEURS

CHOISIES

PARMI LES PLUS GRACIEUSES PRODUCTIONS EN CE GENRE, TANT EN EUROPE QUE DANS LES AUTRES PARTIES DU MONDE;

PUBLIÉE PAR ÉMILE LECONTE;

d'après les dessins et gravés sous la direction

DE P. J. REDOUTÉ.

Cet ouvrage, format in-4°, se composera d'environ 12 cahiers de 4 planches chaque, imprimées en couleur et retouchées au pinceau avec le plus grand soin.

1ère LIVRAISON.

ON SOUSCRIT

A PARIS,

CHEZ ÉMILE LECONTE, RUE SAINTE-ANNE, N° 57.

1835.

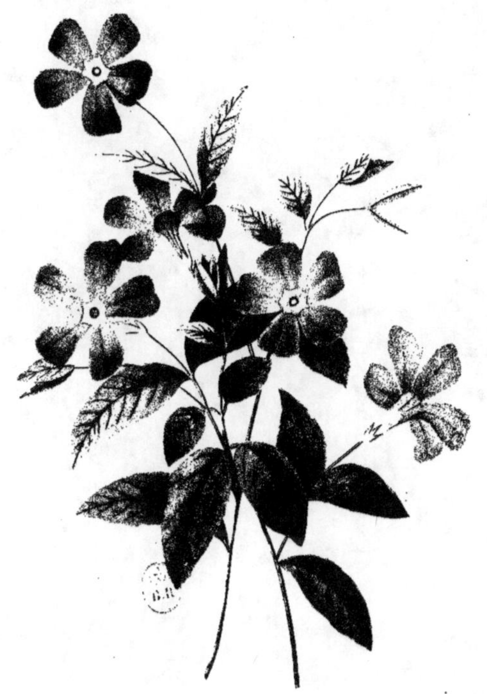

Pervenche.

Dessiné par P. J. Redouté.   Se vend chez V. Levrault, Rue...

Cineraria.

Peint par P. J. Redouté.   A Paris chez F. Lecointe Rue S.te Anne N.°

Bruyère du Cap.

Peint par P. J. Redouté.

Chez P. Lecomte Rue ... Paris ...

Clarkia pulchella.

Dessiné par P. J. Redouté.   A Paris chez V. Lecante Rue Ste Anne N.^o

Amsonia.

L'Écrtulaire pourpre.

Peint par P. J. Redouté

A Paris, chez L. .... Rue S.te Anne

Renoncule vivace.

Peint par P. J. Redouté.   A Paris chez L. Lecomte, Rue St. Jac. N°.

Jasmin d'Espagne.

Dessiné par P. J. Redouté.   A Paris chez P. Lecont ...

Ruellia.

Anagallis.

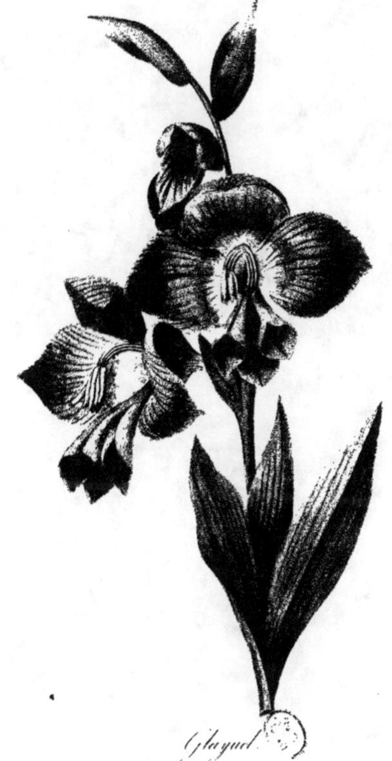

Glayeul

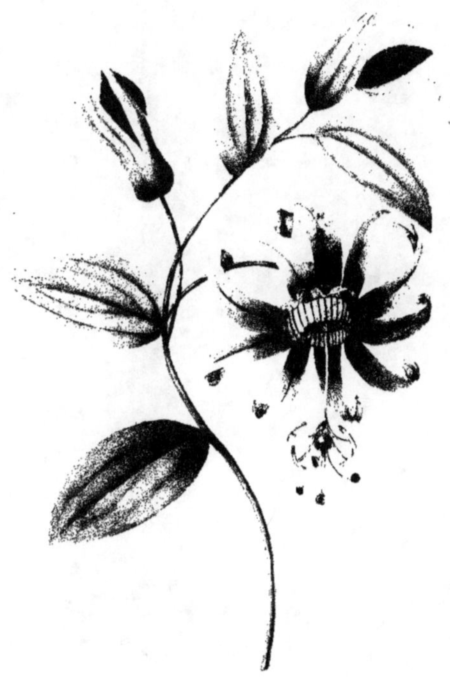

Grenadille à fleurs rouge.

Dessiné par P. J. Redouté.   A Paris chez Y. Lecomte Rue St bor 1er.

Mimulus.

Géranium.

Azalea à fleurs jaunes.

Mille feuille varieté.
Lanoüe. Sc.
Dessiné par P.J. Redouté
A Paris chez T. Lecomte Rue S.te Anne N.

Alstroemeria

Dessiné par P. J. Redouté.   A Paris, chez …

Épidendrum.

Rosa des Alpes.

Peint par P. J. Redouté. Paris chez P. Lecomte Rue St. Jac.

Justicia bicolor.

Lemaire

A Paris chez V. Lemaire, Rue St Jean

Platylobium.

Primevère.

Gnaphalium.

Dessiné par P. J. Redouté.

A Paris chez V. Leconte Rue St. Anne N°.

www.ingramcontent.com/pod-product-compliance
Lightning Source LLC
LaVergne TN
LVHW022343170726
843503LV00008B/3524